AULLIDOS
ONLYKOYOTE

Textos: OnlyKoyote

Prólogo: M. Ángeles Bollero

Epílogo: Tomás Gallego

Diseño y Maquetación: Frecuency Concept Art

Edición: Primera

Fecha edición: Enero 2017

ISBN: 978-84-617-7951-2

Cualquier forma de reproducción, distribución, comunicación públicación o transformación de esta obra sólo puede ser realizada con la autorización de sus titulares, salvo excepción prevista por la ley.

A mi madre, por enseñarme a nadar en los naufragios y demostrar que todo al fin y al cabo, es una cuestión de echarle huevos. Y por enseñarme que cuando la gente cree que no puedes hacerlo hay que actuar como ella me enseñó: -" Ahora es cuando te sacas la chorra y te meas encima de ellos haciéndolo"

A mi hermana, la única persona por la que mataría el mundo. Porque siempre he estado ahí y ella para mi también.

A Tomás y Javi por darme su apoyo siempre y en el momento que les he pedido ayuda su repuesta siempre ha sido:- "Venga, vamos". No siempre la familia tiene que ser de sangre.

A Noe y Marisa (Marisol) por demostrarme que el cariño y el apoyo se puede sentir igual a pesar de los kilómetros.

En general, a todos lo que me han apoyado. Y a los que no, también. Devolviéndome a la realidad y haciéndome ver que esto no es tan fácil como uno se puede imaginar.

GRACIAS

Prólogo

M. Ángeles Bollero

La verdad, que no sé como se empieza esto. A diferencia de él, no sé juntar dos palabras y que suene bien.

Podría empezar mencionando que aunque este sea su primer libro, él siempre ha sido un chico reservado, siempre ha trabajado en "la oscuridad" así que sentiros afortunados si ahora tenéis este libro en vuestras manos y os deja sumergiros en su mundo de amor y desamor.

La mayoría os sentiréis identificados con muchos de sus poemas, pero cualquier parecido con la realidad puede ser casualidad, o no. Muchos lloraréis al leer partes que os recuerdan a la persona especial o que un día lo fue, otros muchos sonreirán. Será esa sonrisa que te sale por recordar pero que a la vez, te deja un nudo en la garganta que por unos minutos te impiden seguir leyendo, porque estas líneas te harán sentir, te harán vibrar y eso, es genial.

Volviendo a hablar un poco de él diré, que aunque reservado, es sentimental. Cuando se enamora, lo hace de verdad. Cuando ama, lo hace de verdad. Porque a él, las cosas a medias tampoco es que le gusten demasiado.

Yo lo he visto crecer, aunque si nos ponemos quisquillosos, me vio crecer él a mi ya que es el mayor, aunque visto de otro modo, crecimos juntos… Pero me refiero como artista, el arte que es capaz de hacer con unas palabras, a lo que es capaz de transmitir en unas líneas. Me refiero a como lo he visto luchar por conseguir su sueño hasta alcanzarlo a pesar de contratiempos. Realmente admiro su capacidad de escribir, de escribir en cualquier sitio. Como puede hacer verso a cualquier persona que se le cruce y le transmita lo más mínimo, como no es capaz de dejar la mente en blanco y siempre tener palabras para escribir.

Antes de despedirme me gustaría daros un consejo, coged vuestro lugar favorito para leer (la cama, el sofá, la playa, un parque…) y sumérgete en su mundo, déjate llevar y sobre todo no te impacientes leyendo por muy adictivo que sea, disfrútalo, siente, llora, ríe… porque desde luego no merece menos.

Este "dinosaurio" se despide aquí, no quiero entreteneros más en el prólogo. Centraros en lo esencial. Encantada de conoceros, es un placer que me dediquéis unos minutos. Aquí os dejo a Onlykoyote, o Antonio, o a mi hermano y su genialísimo libro (ya me daréis la razón) Aullidos.

M. Ángeles Bollero

Poéticamente incorrecto

No soy de esos poetas
que abusan de metáforas.
Haciendo metáfora,
de la metáfora,
de la metáfora
y a la mierda el poema,
porque ya nadie sabe de que estaba hablando.

No me muevo en un círculo lleno de otros poetas,
ni venero a Benedetti,
nunca me gustaron las frases efectistas.
Nunca quise ser como Machado o Lorca,
siempre preferí ser como el Kutxi Romero o Robe Iniesta.

No soy de esos poetas
que enamoran con un par de versos,
yo, si enamoro es con el poema entero.
No lleno hojas de te quieros perdidos
o historias jamás retomadas.
Hablo de mis pocas victorias
y mis muchas derrotas.
Escribiendo en pasado,
a veces, sobre un presente
que no ha dado tiempo a caer en el olvido
insultando así al tiempo.

No busco arañar tu alma
con cada palabra,
sólo busco contar mi historia,
que posiblemente sea igual que la tuya.
Y que te emociones, porque te estoy dando donde más duele

en el recuerdo.
Sin edulcorarte la realidad,
porque una mierda huele igual
por muchas flores que las rodeé.

No soy de esos poetas
que te idealizará el amor
o lo transformaré en una de las historias más dramáticas.

Porque con el amor, siempre ocurre lo mismo,
es lo más maravilloso, cuando crees tenerlo
y una puta mierda, cuando crees perderlo.
Siempre será la persona perfecta,
mientras estuvo a tu lado
y la que más daño te causó
cuando se marchó.
Pero eso no es nada nuevo.

En resumen, se podría decir,
que siempre fui poéticamente incorrecto.

Poema honesto.

Nunca fui un príncipe azul
y si alguna vez lo fui,
supongo que en algún momento desteñí,
pero es que nunca se me dio bien poner la lavadora.

Siempre fui un antihéroe,
porque nunca dije las cosas
como los demás querían escucharlas.
Un kamikaze,
al que no le importó saltar al vacío
por lo que cree,
aún sabiendo que pocos irán al rescate.
Soy de los que prefiere
pequeños detalles,
a bombones o flores.
Porque los bombones se derriten,
las flores se marchitan,
pero los recuerdos sólo se borran,
si uno quiere.

Me expreso mejor con palabras,
porque en realidad, soy un torpe
en las distancias cortas
y nunca supe mostrar lo que se siente.
Aprendí a nadar a base de naufragio
y a amar, a golpe de desengaño.
Y con más cicatrices,
que amores,
sobreviví, aunque no sé muy bien a qué.

Yo, que le saqué sonrisas
al Paseo de los tristes
y se puso guapa la Cibeles
para que le dijese cosas bonitas.

Terminé hasta los cojones
de este falso romanticismo impuesto
que sirve más para abrir piernas
que corazones.

De que mi sonrisa dependiese de la ajena,
de ser virtud y defecto, de aquellos corazones rotos.
De sentirme propiedad,
cuando yo decido a quién pertenezco.
De ser la eterna ceniza de fénix,
cansada de renacer.
Aquel nostálgico recuerdo,
de aquellas amantes,
que se marcharon por la puerta de atrás
y siempre dicen, que fuiste el mejor
y sin embargo, te dejaron escapar.

Sólo soy los garabatos
que dejaron aquellas personas
que decidieron marcharse.
Las heridas cicatrizadas,
de un corazón roto.
El recuerdo, el beso, el abrazo
más sincero.
Un te quiero a trazos.
Y esa es mi virtud
y ese, es mi defecto.

Ella

Ella era libre
encerrada en su jaula.
El mundo era más simple,
la vida más hermosa.

Planeó minuciosamente su fuga,
en busca de nuevas experiencias.
Con el brillo en los ojos que da la inocencia,
rompió las rejas, batió sus alas y salió,
dispuesta a comerse el mundo
sin saber que a veces, podía ser indigesto.
Todo era distinto, nuevo.
Ebria de ilusiones,
fue dando tumbos
hasta descubrir que no todo era perfecto.

Se sentía sola,
aunque estaba rodeada.
Afloró la desconfianza,
e infidelidad tras infidelidad,
descubrió que <te quiero> es una palabra.
Que pocas promesas se cumplen,
que un polvo está bien,
pero sin amor no es suficiente.

La verdad duele
y ella, jugaba a autoengañarse
fingiendo una felicidad
que no terminaba de encontrar.

Ella nunca fue libre,
sólo cambió su jaula por una más grande.

¿Y ahora?

Nada se pudo salvar, como la canción decía,
pero al menos dejó unas bonitas ruinas.
Montones de escombros que sólo nosotros entendemos,
bocanadas de humo después de cada beso.

Hablábamos de soledad, haciéndonos compañía.
Hicimos un collage con los sueños, los rotos,
para recordar de dónde veníamos.
Ignorando que el pasado existía,
cuando es una pesada mochila que llevamos a todos lados.
Qué irónico,
gritábamos libertad encadenados a la pata de la cama.

Quizás falló,
que yo sabía que la vida es muy puta
y tú, andabas preguntando las tarifas.
Pretender ser un salvavidas,
estando en pleno naufragio.
Querer ser un ángel guardián
y terminar ardiendo en el infierno.

Llamé hogar a tu regazo
y ahora vivo desahuciado.
Me debes un recuerdo,
otra carga para mi mochila del pasado.
Te debo un adiós,
pero eso ya no tiene remedio.
Y ahora ¿quién te salvará de tus miedos?
Y ahora ¿quién me acunará en mis desvelos?

Lo que nunca dijiste.

Supongo que cuando me marché,
sin previo aviso,
tu cabeza se llenó
de todo aquello que nunca dijiste
y sin embargo, lo pensabas.

Supongo que lo primero que quisiste decir,
fue gracias.
Por lanzar un salvavidas
estando en un naufragio
y no pedir nada a cambio.
Por tener siempre algo que enseñarte,
aunque fuese un pedante.
Ayudarte a que probaras cosas nuevas,
cosas que ni tú misma imaginabas
que te podrían gustar.

Supongo que también recordaste,
que aunque tarde,
conseguí reconstruir el puzzle
de tu sonrisa.
Y como te sentías orgullosa,
cada vez que hago este juego de palabras
que algunos llaman poemas.

Supongo que nunca lo dijiste por vergüenza
o por orgullo
o simplemente porque dabas por hecho
que yo ya lo sabría.

La verdad, que no estoy seguro
de si esto es lo que pensabas.
Pero si estoy seguro,
de que todo se esfumó
cuando te dije que quizás, tendrías que marcharte
cuando yo, ya tenía las maletas hechas.

Se acabó.

Se acabó escribir sobre príncipes y princesas,
porque la vida no es un cuento de hadas.
Creer que la vida es una montaña rusa,
cuando en realidad, es una puta noria
donde las historias se repiten
y lo único que varían son las personas.

Se acabó quejarme de mi presente, por mi pasado,
dejando de mirar al futuro.
De lamerme las heridas,
ahora toca lucirlas con orgullo espartano
y dejar atrás, todas las armaduras,
toca ir a pecho descubierto.
Pensar que entiendo a todo el mundo
y a mi no me entiende nadie.
Sacar billete de ida y vuelta
cuando para volver, siempre hay tiempo.
De pensar que en mis manos
sujeto la caja de Pandora
y como me tropiece, a la mierda el mundo.
Se acabó ver el vaso medio vacío,
porque si siempre lo vi así,
fue con la esperanza de que alguien lo llenase.

Se acabó creer en la magia
cuando sé cual es el truco.
En las promesas imposibles,
los amores eternos
y los jamás me marcharé.

Conmemorar el aniversario
de lo que no llevó a nada
y creer que el apocalipsis comenzó
cuando ella se marchó.
Perderme entre copas, de sujetadores,
de aquellas mujeres
que no son merecedoras de tiempo
ni del más ínfimo recuerdo.
Pensar, que nadie sabe lo que tiene
hasta que lo pierde
cuando muchas me perdieron
y aún no lo saben.

Se acabaron tantas cosas,
que cada vez que termine algo
sonreiré tan fuerte,
que las margaritas se desvestirán a mi paso
sin preguntar por quién.
Porque que se acabe algo
no siempre es un final,
sino un nuevo empezar.

El amor, joder.

Gran vía enmudeció a su paso,
ella, con su caminar pizpireto,
él, con su caminar cansino.
Con sus manos entrelazadas,
llenas de decepciones,
llenas de intenciones.
Qué bonito es el amor, joder.

Para ellos, un polvo no era un polvo,
era dejar el universo sin estrellas.
Detener el tiempo, entre gemidos y caricias,
clavarse las miradas
y decirse un te quiero en silencio.
Qué bonito es el amor, joder.

Abrazos en la puerta del metro,
besos con sabor a gloss,
un mundo sólo para los dos.
Deshojar primaveras en invierno,
crear veranos en otoño.
Qué difícil es el amor, joder.

Pero el amor es efímero
y más en estos tiempos.
Y así, llegaron los demonios,
las discusiones, los recuerdos,
los reproches, los miedos.
Jugar con orgullo,
batallar con egoísmo.
Cómo duele el amor, joder.

Ya no era un ellos,
eran caminos separados.
Borrar del camino los pasos,
matar los te quiero,
fingir que ya no se echan de menos.
Una vez tuvieron un reino
y le prendieron fuego,
con la esperanza de un resurgir nuevo.
Qué putada es el amor, joder

Te escribo ahora

Te escribo mientras duermes,
sabiendo que ya no me sueñas.
Te escribo ahora,
que mis palabras tienen otra dueña.
Pero llegados a este punto,
tenía que decírtelo.

Cielo, la cuerda se tensó
y fui yo quien la rompió.
Tú sólo querías unas alas nuevas
para emprender de nuevo el vuelo
porque las tuyas, estaban rotas
y yo, estaba dispuesto a arreglarlas.

Siempre tuve clara mi misión
pero no contaba con quererte,
por eso siempre pretendí que tocases las nubes,
que tu risa, fuese sintonía en cada viaje.
Pero sabía que con los primero aleteos
querrías marcharte,
este pájaro, tiene muchas horas de vuelo.

Estuve dispuesto a surcar el cielo
agarrado de tu mano.
Pero eso era un viaje largo
y a duras penas, estabas con los primeros planeos,
por eso te hice elegir.
Y dolió,
ver como abandonabas el nido
que juntos construimos,
pero con la satisfacción
de que de nuevo, tocas el cielo.

Todo por ti.

Dejé que increpases mi intimidad,
perturbases mi tranquilidad
y abordases mi soledad,
con preguntas discretamente indiscretas.
Llenas de quiénes y por qués,
a veces, dando explicación de las explicaciones,
aguantando reproches
de promesas nunca hechas.
Temiendo más a tus inseguridades,
que a las propias,
temiendo así perderte.
Y todo por ti.

Supongo que cuando has vagado
tanto tiempo por el desierto,
cualquier sombra te parece un oasis.
Construí un refugio, de mierda y cenizas
-porque no tenía otra cosa a mano-
para intentar protegerte de tus miedos.
De un pasado, que nos perseguía
y de un presente, tan oscuro,
que no había suficiente luz
para tan largo camino.
Y aún así seguí.
Y todo por ti.

Siempre supe que no era el más adecuado,
pero intenté que cada día fuese veintinueve de febrero,
algo especial, irrepetible, único,
pero terminé comiéndome el refugio,
mejor dicho, uno de los materiales.

Quise aislarte con él de tus miedos
y resultó, que los llevabas en los bolsillos.
Y empezaron a devorarnos,
tanto,
que hasta los enemigos se unieron,
no para joderme,
sino para intentar salvarme.
Y todo por ti.

No me arrepiento de nada,
pero eso no quiere decir
que estuviese dispuesto a repetir.
A veces, sólo se puede salvar
a quien quiere ser salvado.
Por eso terminamos cada uno por su lado,
tú pensando que ya no tienes miedo
y yo, algo más cansado, algo más herido.
Y todo por ti.

Lo perfecto

Cenar a la luz de las velas
y brindar con dos copas de vino.
Bailar nuestra canción a todo volumen,
sin importar que los vecinos se molesten.
Apoyar tu cabeza en mi hombro
y acariciarnos lentamente.
Follar toda la noche, tan fuerte,
que hasta la luna se corra
mientras contemplo las constelaciones
que forman tus lunares.
Despertarme con tu cabeza en mi pecho,
reposar mi barbilla en tu pelo,
respirar los dos como si fuésemos uno,
abrazados tan fuerte, que ni el fuego pueda separarnos.
Despedirnos con el beso más tierno,
como si no volviésemos a vernos,
aún sabiendo que no estaríamos lejos.
Que Madrid se nos hubiera quedado pequeño
y el mundo, sólo, si es a tu lado.
Eso hubiese sido lo perfecto.

Pero no éramos perfectos,
y las relaciones no son como en las películas
(por mucho que tú quieras).
Ni siquiera teníamos una canción para bailar.
Y aunque nos esforzamos
en intentar detener el tiempo
mientras se pasaban las hojas del calendario,
la suerte no estaba de nuestro lado.
Y así, se fue diluyendo todo,
mojando nuestros pies de arena

y lo que ayer era ternura,
hoy, se nos antojaba mierda.
Olvidamos que en lo imperfecto
se puede encontrar belleza.
Olvidamos hacerlos a nuestra manera.

Esa Foto

Cada día al despertarme
es lo primero que veo,
está en el mismo sitio que la dejaste,
apoyada sobre los libros de la estantería.
La dejaste con tanto cariño,
que ni el tiempo se atrevido a moverla,
aún refleja tu sonrisa aquel día.

Mirando al infinito
como dos visionarios,
hacia el futuro,
deteniendo el mundo
al son que nosotros marcábamos,
vaya dos tontos enamorados.
Y así, quedó reflejado en esa foto.

Lo fácil, hubiese sido romperla,
fingir que eso nunca ha pasado.
Pasarte a la lista,
como tantas,
que cayeron al olvido.
Negar que me enamoraste,
que fuimos la envidia de aquellos
que aún buscan lo que nosotros tuvimos.
Pero a pesar de todo, no lo hago,
porque en mis recuerdos mando yo.

Tú lo hiciste,
decidiste que para ti, ya no existiese
y lo entiendo, porque recordar duele.

Actuar como si no nos conociésemos,
aparentar que no fuimos nada
aunque de forma inconsciente,
hagas referencia a miles de cosas que vivimos juntos.
Pero yo, no puedo, no quiero,
porque me gusta verte sonreír,
recordar que una vez fuiste feliz (conmigo).

Para lo que hemos quedado.

Qué bonitas me quedan estas ojeras
de tanto desvelarme por ti.
Qué resecos quedaron estos labios
de tanto regalarte besos.
Estos dedos amarillentos,
de tanto compartir cigarrillos
y estas palabras huérfanas
buscando hacerte feliz.

Qué muertos quedaron esos sueños
de escapar de esta realidad.
Las manos ásperas sabiendo
que no te volverán a tocar,
la triste compañía que nos da la soledad,
el miedo a volver a recordar.

Atar las palabras dulces.
Fingir que no nos conocemos,
hablando en pasado
como si hubieran pasado años
de cuando nos amábamos.
Decir que ya no recordamos
aquellos recuerdos,
que tenemos grabados a fuego.

Es triste, ser tanto,
para terminar siendo tan poco.
Que nos pueda el orgullo
y como dos críos enfadados,
darnos la mano obligados
¿para esto hemos quedado?
¿Para que ni siquiera ser motivo de una sonrisa
cuando escuchas eso que tanta gracia te hacía?
Si para eso hemos quedado,
lo siento,
pero yo para eso, no valgo.

Que sí.

Que sí, que me marché
sin avisar, sin despedida.
Que entiendo que estás dolida
y que, quizás, sea tarde.

Que sí, que no debería
pero no puedo evitarlo.
Seguir buscándote en mi cuaderno,
pensarte con mis manos,
echarte de menos.
Prometer que no te escribiría
y sin embargo,
te sigo escribiendo mensajes que no recibirás.

Que sí, que no fui el Romeo que pretendías
ni tú, la Maga que pretendías ser.
Pero es que esto no era Rayuela
y tampoco vivimos en Verona.
Era Madrid y nuestra historia.

Que sí, que siempre fui la persona que buscaste,
dispuesto a salvarte de ti
pero a la que nunca quisiste, al final.
Siempre fuiste mi princesa,
aunque sin castillo, ni joyas,
ni zapatito de cristal
para demostrar que soy tu príncipe.

Que no, que esto no es un poema de excusa,
ni de reproche, ni tampoco triste,
ni un burdo intento para que vuelvas.
Simplemente es para decirte,
que a pesar de todo,
aunque no lo creas,
te quise como a nadie.

Chica de las gafas.

Te echo de menos chica de las gafas.
Echo de menos tus hoyuelos cuando sonríes,
los besos furtivos en medio de la calle,
tu mirada salvaje.

La complicidad de aquellos que se conocen,
tanto y tan bien, que sobran palabras.
Leyéndonos entre líneas
en conversaciones tan banales,
que parecían importantes.

Sentarnos en un parque, fumarnos un cigarro,
para entender que no nos entendemos
y aún así, seguir queriéndonos.
Cantar juntos la única canción que me sé de Vetusta Morla,
entre risas, porque confundía estrofas.
Te revelaré un secreto,
se transformó en banda sonora de mi vida.

Aprender que lo divertido,
es dibujarnos con las manos.
Que la sinceridad se encuentra entre gemidos
y que no siempre es necesario el olvido.
Prometernos que no se repetirá
para poder arrancarnos la ropa,
alegando al momento y la circunstancia
para que no pese en la conciencia.

Y no, esto no es un intento desesperado
para que vuelvas, chica de las gafas,
porque lo que unió Foucoult,
lo separó Ortega y Gasset.
Aunque para mi,
siempre quedará algo de nosotros en
aquel parque.

Cuando hables de mi.

Cuando hables de mi,
no olvides decir que soy un borde
y remarca que no tengo sentimientos,
a pesar de derretirte en mis brazos.
Que no gozo de empatía,
aunque tus desvelos fueron los míos,
aunque era el único que entendía
cada mirada, cada gesto,
sin necesidad de ninguna palabra
y saber siempre como te sentías.
Di que soy un pasota,
pero siempre estuve en primera línea de batalla
en cada una de tus guerras
sin necesidad de pedírmelo.

Evita decir mi nombre
para que no se note
el nudo en la garganta
cuando te inunde el recuerdo.
No mires a los ojos
de a quien le hables de mi,
para disimular los celos
al saber que ahora es otra
la que se derrite en mi boca.

Habla de toda la rabia
que sentiste cuando me marché,
aunque fuiste tú la que me echaste.
Di que me olvidaste
que para ti, ya no soy nada
aunque te emociones

cuando me ves.
De como no te llevé flores,
ni bombones,
aunque siempre tuve detalles
que te hacían sonreír.

Como ahora eres mucho más feliz
pero sin decir que a mi lado,
sobreviviste a una tormenta
que auguraba naufragio.

Cuando hables de mi
calla todo lo bueno,
para así alimentar tu orgullo.
Para engañar al resto
de que soy pasado,
aunque de vez en cuando,
quieras que forme parte de tu presente.

La chica tóxica.

La verás por la calle y no podrás evitarlo,
te girarás para mirarle el culo.
Al hacerlo, te inundará una sensación de valentía
y cuando quieras darte cuenta, estará frente a ti
riéndose a carcajadas,
y tú, esforzándote para que sea así.
Te hablará de su vida, de sus problemas
y sólo querrás salvarla (y quererla)
y ella te lo agradecerá,
nombrándote salvavidas oficial de sus naufragios.

Sonreirás al verla caminar de puntillas
por el pasillo en tanga,
mientras se queja de lo frío que está el suelo.
Metiéndose en la cama de un salto,
acurrucándose a tu lado
disparando una sonrisa de satisfacción.
Le enseñarás a cabalgar, libre, por las sábanas
y ella, a nadar en los maremotos de sus piernas.

Le pedirás que no te ate
y no lo hará, pero te pondrá un cascabel
para saber dónde estás siempre
y eso te cansará
y eso le desesperará.
Porque sentirá que no es tu universo
aunque sea el puto motivo, de las alteraciones
de tu mundo.

Un día despertarás
y ella, se habrá marchado, sin previo aviso,
llevándose tus sueños
y dejando su ropa, junto a una nota
< lo siento, pero no fue suficiente>
y un por qué saldrá en forma de lágrima.

Planearás la reconquista de su corazón
atormentado por preguntas
que no tendrán respuesta.

Culpándote de tu destierro,
pensando que quizás si aquella vez
hubieras dicho o hecho,
todo hubiese distinto.
Y te llenarás de valentía,
como la primera vez que la viste.
Pero hay batallas que están perdidas
incluso antes de empezarlas.

Te rendirás,
marchándote sin hacer ruido
dejando que el tiempo,
marchite toda esperanza.
Y justo cuando el olvido
llame a tu puerta,
tu móvil sonará
y será ella,
preguntado cómo estás
diciendo que te echa de menos
y que le encantaría que volvierais a veros.
Pero tú, ya te habrás curado
ya te habrás desintoxicado (de su amor).

Lo que te mereces.

Que seas muy feliz
porque te lo mereces.
No sin antes desgarrarte en un verso
en mitad de la noche
que no leerá nadie.

Sin que puedas evitar preguntarte
qué fue lo que pasó
cuando veas una foto
y los recuerdos te aborden,
cual pirata, en busca de un tesoro.

Y entre lágrimas y copas
termines reconociendo
que no todo fue tan malo.
Que no sepas que decir,
que no te salgan las palabras
y se forme un nudo en la garganta,
cuando te hablen de mi.

Cuando tus pies toquen el suelo
te queme como arena del desierto,
de tanto que llevas sin pisarlo
y te abofeteé la realidad.

Que seas muy feliz,
de verdad,
porque te lo mereces.
Pero no sin antes aprender a valorarla
y cuidarla, para no perderla.

Con el tiempo.

Nos venden el amor como algo irrepetible,
pero al final termina siendo un remake
donde sólo cambian los protagonistas.
Buscando alguna variación en el guión
para así, tener un final alternativo
que en la original quitaron.

Ojalá con el tiempo,
te pueda la nostalgia,
te acose la melancolía
y te acune el recuerdo.
Termines viendo la película
que escribimos,
la de nuestra historia.
Y como un bombardeo sobre tu cabeza,
exploten las preguntas
que nunca contestaste,
de esa historia que pudo ser y no fue.

Entonces querrás saber qué pasó,
cuál fue el fallo en el guión,
cuando siempre fue un fallo de dirección.
Preguntarás a conocidos y amigos
qué fue del protagonista,
y ojalá te contesten:- el cabrón destila felicidad –
y no puedas evitar tener un poco de envidia,
porque no fue contigo.

Ojalá con el tiempo,
después de eso,
la casualidad, la puta casualidad,
haga que nos encontremos por la calle
y tú no sepas si saludar
o actuar como si no me conocieses.

Yo te sonreiré
y tú, sólo querrás esconderte.
Seguiré siendo el motivo de celos
de todos tus novios,
porque aunque no me conozcan,
le hablaste de mi.
Y a pesar de lo que pasó,
tus palabras seguirán siendo dulces,
mostrando que aún tengo las llaves
de tu corazón,
que hace tiempo cerró puertas
con la esperanza de que nadie,
volviera a abrirlas.

Arrebato de sinceridad.

Pequeña, te seré sincero.
A veces, me obligo a recordarte
para que no caigas en el mismo saco
donde otras, ya cayeron.
Muchos fueron los que preguntaron
qué fue lo que ocurrió exactamente,
pero yo nunca contesté.
Qué más da ahora, si me marché
o me echaste,
si nos queremos
o fingimos olvidarnos
para no volver a las charlas de amigos
diciendo que somos tontos,
que demos punto y final
a este círculo vicioso.
Pero es que mis historias,
siempre las dejo en puntos suspensivos
y escribo otras,
porque nunca sé cuando volveré a retomarlas.
Y contigo, no iba a ser distinto.

También te diré, cielo,
que dolió
y que alguna lágrima se escapó,
pero esta vez, no me ahogué en ellas.
Nunca quise que murieras por mi,
sino que vivieras conmigo.
Ser dos pájaros de Portugal,
pero está claro que algo hicimos mal.
Será que yo disfrutaba del paisaje
y tú, preguntabas cuánto faltaba para llegar.

Sabes, creo que el azar
-porque no creo en el destino-
conspira contra nosotros
para que algún día volvamos a vernos.

Simplemente para ver cómo nos ha tratado el tiempo
y que al mirarnos,
durante los segundos que dure el encuentro,
nos golpeen los recuerdos
y de nuevo, desvanecernos
como el humo de un cigarro
ante la inmensidad del cielo.
Qué putada ¿verdad?

Por último, cariño,
quiero que sepas
que no me marché por mi,
sino por ti.
Hace tiempo aprendí
que muerto el perro se acabó la rabia
y había mucha rabia.
Supongo que no lo intenté
lo suficiente,
quizás sino me hubiera marchado
todo hubiese sido distinto,
pero es fácil especular cuando ya ha pasado.

Con esto, no pretendo buscar culpables
porque como con todo habrá versiones,
la tuya, la mía y la verdad.
Solamente, quiero que veas que a pesar de todo,
te sigo hablando con sinceridad.

Musa de poema.

Nunca fuiste musa de poema
y sin embargo, aquí estoy preguntándome
¿qué hace una chica como tú
en un poema como este?
Al fin y al cabo,
no fuiste tan importante,
aunque guardé demasiado luto
para tan poca muerte.

Comencé una historia
que nunca terminaré.
Sé que lo intentaste,
pretendiendo que cada palabra,
cada verso,
fuese un esbozo tuyo.
Un espejo donde mirarte
a través de mis ojos.
Dejar un trocito de ti
en cada folio.

Pero jugaste al juego más peligroso,
el creer conocerme
y la cagaste,
porque conseguiste cansarme
y que buscase la rendición,
donde todo era ilusión.
Buscabas la inspiración
donde ya no quedaba nada
siendo astillas bajo las uñas
y que las metáforas,
cada vez,

fuesen más ácidas.
Transformándote en ese prólogo
que nadie lee,
para meterse de lleno en la historia.

Supongo que será por los recuerdos,
por aquellos momentos
en los que me robabas un beso
nada más salir del metro.
En cómo buscábamos
entrelazar las manos
por debajo de la mesa.
Ese último cigarro,
antes de la despedida.
Tengo un trato con el olvido,
él no viene a verme
y yo no digo lo hijo de puta que puede ser.

Te sientes reflejada,
no por ti,
sino por los momentos que describo,
por el recuerdo,
que compartimos.

No va por ti.

Disculpa mi osadía,
te prometí que nunca lo haría
pero te mentí.
Porque nada de esto va por ti,
sino por ella.

La que batió sus alas tan fuerte,
que destrozó su jaula para ser libre.
Aquella que perdió el miedo a todo,
menos a la idea de perderme.
Mirándome con ternura,
buscando mi sonrisa
mientras con la suya, iluminaba la ciudad.
La misma, cuyos labios eran fuego
y me derretía con sus besos,
muriendo de lujuria
con tan sólo una caricia.
La que curó mi soledad.

La que me hacía bailar si me lo pedía,
aún sabiendo que sufro de total arritmia.
Sin importarle hacer el ridículo,
porque era conmigo y eso, le hacía feliz.
Aquella que me hacía volar,
sin movernos del sofá,
me enseñó a soñar,
cada vez que me abrazaba.
Aquella que no reniega de lo que fuimos,
alguien trascendental, su amigo,
su novio, su amante,
aquella que no duda en reconocer
que la conozco mejor que nadie.

Nunca creí en la magia
y ella, insistía en enviarme a Hogwarts
porque lo que sentía era mágico,
estando a mi lado.

La que aún tiene un hueco en mi memoria,
porque me regaló su cariño,
su amor, sus besos, su todo,
porque me amaba.
Aquella que se llama...
aquella que siempre...
ella, la que una vez fuiste tú.

El último poema.

Deja que me bañe
en el marrón de tus ojos.
Que me refugie
en la calidez de tus labios.
Escalar las colinas
de tu pecho
y descender despacio por tu ombligo
hasta lo más profundo
del valle que hay entre tus piernas.

No me pidas que te escriba poemas,
porque la poesía, la de verdad,
es la que escribimos entre las sábanas.
Con fiereza, como animales salvajes
enjaulados, buscando ser libres.
Definiendo el amor en cada movimiento
mejor que muchos de los versos
de poetas trasnochados.

No hay nada mejor que ver tus ojos
llenos de deseo, vidriosos,
y entre gemidos y besos
lances el te quiero más sincero
mientras tus pies tocan el cielo.

Escribamos esta noche nuestro último poema
con el carmín de tus labios.
Marquemos la eternidad que nos da el momento
aunque luego, caigamos en el error del olvido.

Se transformó en ciudad.

Se transformó en ciudad.
Se transformó en Andújar, Granada,
Madrid, Zaragoza, Barcelona
y yo, como un perro callejero
recorrí todas las calles
para recordar su cuerpo.

Cada calle un recuerdo,
un abrazo, un beso,
una risa, el frío de la madrugada.
Muchas ofrecieron su refugio,
pero después de todo lo pasado
lo rechazaba porque desconfiaba,
porque no era ella.

Pero con el tiempo,
su imagen se desvaneció
y donde antes la recordaba,
perfectamente,
quedó la anécdota,
nostálgica y triste,
que me esbozaba una sonrisa,
un suspiro, una calada del cigarro
y seguía mi camino.

Supongo que la memoria
también se cansa
de recurrir siempre a la misma imagen
para recordarnos felices
y por eso, poco a poco,
termina quitando a la persona
para así, poder cambiarla por otra.

Se transformó en ciudad,
intentando que no la olvidase.

Una noche de Septiembre.

Fue una noche de septiembre,
la nostalgia empañó los cristales
mientras te enrollabas en las sábanas
diciendo que eso no estaba bien.
Te miraba mientras refunfuñabas
y sólo te dije
- no pasa nada, culparemos a las copas-
pero insistías y me culpabas,
porque ya tenías tu nueva vida
y había llegado yo, para joderla.

Nena, fue lo que los dos quisimos,
porque sí, follamos.
Con rabia, cariño,
melancolía, ternura,
salvaje e intenso,
sólo estábamos reviviendo viejos recuerdos.
Pero insistías que la culpa era mía
y las viejas heridas, ya cicatrizadas,
se abrieron como las puertas de un supermercado
ante la presencia del primer reproche.
Pero esta vez, yo, no era el culpable
no era yo quien recibía mensajes de te quiero.

Y los reproches seguían
y no dolían, pero molestaban.
Como esas pequeñas espinas
que sólo pueden ser sacadas con pinzas.
Esta vez era, que con lo que ocurrió
pensaría que todo volvería
a ser como el principio
y ella, ya tenía su vida.

Todo se convirtió en silencio,
que fue roto por un portazo
cuando le dije
que ya no era la persona de la que me enamoré
y se estaba confundiendo.

Es de imbéciles, pensar que la persona
que se marcha, es la misma que vuelve.
Y yo me marché
y ella, se marchó.
Esta vez, creo que para no volver.

Tras ese portazo,
volvió el silencio,
la calma
y la nostalgia, se desempañó de los cristales.

Fue una noche de septiembre,
cuando un polvo, se transformó en un hasta siempre.

El culpable.

Amé por encima de mis posibilidades,
a veces, quien no lo merecía.
Disculpa mi osadía,
pero a estas alturas mejor las cosas claras.

Yo, que besé a fuego
en labios de hielo,
maté miedos
a golpe de abrazos,
pinté estrellas fugaces
para que siempre pudiese pedir deseos
y soles radiantes
para días nublados,
cree primaveras
en pleno invierno.
Fui acusado de ser cicuta
de relaciones sabidas muertas.
Señalado con el dedo,
como culpable de una muerte anunciada.

Guardé silencio,
porque lo único que quería era estar tranquilo.
Me usaron como excusa
de aquello que desearon hacer.
Mientras entre el linchamiento,
me susurraban:
-entiéndelo, no quiero perderlo-.

Me acusaron como culpable
aquellas que voluntariamente
pasaron por mi cama,

buscando aquello que no tenían.
Fingieron desterrarme,
porque así las cosas les iría mejor
y yo, guardé silencio.

Con el tiempo,
cuando todo cayó en el olvido.
El peso de la conciencia,
la culpabilidad
o buscar otra oportunidad,
hizo que aquellas que me desterraron
del sin sentido de sus vidas,
aquellas que fueron, juez, jurado y verdugo
y me sentenciaron como culpable
de todos sus males,
de la muerte de sus relaciones
que ya eran cadáveres,
tocaron a mi puerta.
Con la disculpa por delante,
vestidas de arrepentimiento,
llenas de ganas de repetirlo.
Sólo esbocé una sonrisa
para liberarlas de su conciencia
y el rellano fue testigo
de lo que después pasó.

Y sí, fui culpable,
no de lo que pasó.
Sino de dar lo que no tenían
y no me arrepiento.

Una nueva ella.

Renegué tantas veces del amor
que al final,
se convirtió en la excusa perfecta
para un polvo.
Supongo que apostar por quien nadie apostaría
terminó pasando factura
por eso nadie apostaba
y me quedé sin nada.
Vendiendo besos al mejor postor,
pidiendo abrazos,
como quien pide refugio
cuando se acerca el frío.
Prostituyendo la esperanza
por un par de copas, de sujetador.
Dando vueltas sin sentido
como la bola de la ruleta de un casino,
esperando a que alguien le toque el premio.

Renegué tantas veces del amor,
que se transformó en mi ruleta rusa.
Apuntando a mi pecho
y cada disparo, una decepción.
Intento tras intento.
Ya sólo me conformaba con el silencio
y quizás, algo de tabaco.

Y de repente, apareció ella,
como una hostia a mano abierta.
Sus formas y sus maneras,
hacen perder la cabeza al más cuerdo.
Sus labios, rojos,
como una herida recién abierta

que expulsa rosales,
disparaban tímidas sonrisas
a aquellos que mirándola fija,
intentaban averiguar que se escondía
en lo más profundo de su mirada.

El que miraba era yo.
Y ese puto momento,
fue el marcó toda diferencia
entre pena y alegría.
Una voz que en silencio,
gritó un quizás tan fuerte,
que las nubes de toda tormenta
se esfumaron dejando que la claridad
calentase este corazón frío.
Pero fui un cobarde
y me marché, sin saber su nombre
y lo que escondían sus ojos.
Será que hay cajones cerrados con llave,
que no me apetecía abrir
o la melancolía me echó un pulso
y me ganó,
o cualquier excusa que me pueda inventar,
para decir que me acojoné
y me pudo más el miedo
que las ganas.

Te juro que la busqué,
sólo por recibir
esa hostia de ilusión
que inconscientemente, ella me dio.
Pero no la encontré.

> Entonces, en serio, ¿tú eres de los que
> follan o de los que fallan?
> LORETO SESMA

Tocar el cielo, es de valientes.

Por una vez, el azar jugó mis cartas
y quiso que esta vez ganara,
haciendo que me pasase por tu cafetería.
Nos miramos y nos sonreímos,
como quien se alegra de ver a un antiguo amigo.

No sé que pasó, que dije,
pero aceptaste vernos cuando terminases.
Tú salías justo cuando el sol
juega al escondite con la luna
y yo, tenía todo el tiempo para regalarte.

Entre risas y copas,
nos confesamos heridos,
como matamos nuestros monstruos,
como nos perseguían los recuerdos,
como aquellos que creíamos salvavidas,
casi nos hunden
y como necesitábamos esos abrazos
que ya nadie nos daba.
Y vestidos, nos desnudamos
de la manera más metafórica posible,
nos mostramos frágiles.
Se puede decir, que nos conocimos
como nadie quiere que le conozcan.
Las horas pasaban,
casi sin darnos cuenta,
la noche ya clareaba.

Pero a ver quién nos separaba.
Nos miramos fijamente,
en silencio,
mientras su nariz se sonrojaba por el frío.

-<<Entonces, en serio, ¿ tú eres de las que follan
o de las que fallan?>>
Lo digo porque las ilusiones las tengo tendidas,
pero condones podemos comprar en cualquier farmacia-
dije citando a Loreto Sesma, a mi manera
y esperando a que me mandase a la mierda
por mi pregunta.
Pero no me hizo falta respuesta,
su sonrisa, su mirada
y su forma de cogerme la mano, fue suficiente.

Y ardieron todos los portales
a nuestro paso
hasta llegar a su casa.
Me di cuenta, en ese momento,
que sólo los valientes, tocan el cielo.

Me encanta.

Me encanta como me sirves el café
con una sonrisa pícara
fingiendo que no me conoces
aunque me comas con la mirada.

Me encanta tu cara de sorpresa
cuando conspiro con tus compañeros de trabajo
y aparezco sin más,
cuando ellos te han hecho creer que vais de cervezas
y yo te digo que no nos veremos porque estoy ocupado.

Me encanta cuando refunfuñas
desnuda en la cama,
pidiendo dormir un poco
mientras yo me levanto para prepararte el desayuno.
Cuando discutimos
y te da un arrebato de locura
saltas sobre mi, te agarras como un Koala
y me callas a besos.
Cuando tus pies tocan el cielo
y yo vuelo a ras de tu cuerpo,
arañas mi espalda
y me susurras al oído que soy un cabrón
porque nada de esto, estaba en tus planes
como si en los míos estuviera enamorarme.

Cuando bailas por el piso en bragas
y la música, termina adaptándose a tus movimientos.
Y los días de lluvia
te refugias entre mantas
queriendo estar abrazados.

Me encanta que tras tu apariencia frágil y dulce
seas la más fuerte
y cuando notas que me pierdo
pares el mundo y vayas a mi rescate.

Que seas calma y tormenta,
caos en mi intento de orden.
La mirada que habla
y la palabra que apaga
este infierno, creando un edén.
Brújula de este poeta desnortado,
droga de abrazo y beso,
luz en la noche,
aventura y locura.

Me encantas libre,
en todos los formatos.
Pero lo que más me encanta,
es el privilegio de poder estar a tu lado.

Rosa de los vientos.

Déjame ser tu rosa de los vientos,
vivir suspendido en tus manos,
perderme en el marrón de tus ojos.
Deja que me refugie en al comisura de tus labios
y alcanzar lo más alto, con cada uno de tus besos.

Te quiero libre, mientras me atas con tus abrazos.

Deslumbra al patio de butacas
con la mejor de tus sonrisas,
para que mueran de envidia
al saber que la más especial
siempre me la tienes reservada.
Romper todas las leyes naturales,
es tu día a día,
porque ni la física, ni la biología
saben explicar el destello que producen tus andares.

Y por favor, no me hagas promesas
de que no te marcharás jamás,
simplemente hazlo.
Que ya me encargo yo,
de darte motivos suficientes
para que nunca te marches (de mi lado)

¿Dormir?

¿Dormir?¿quién quiere dormir?
Si todo lo que sueño
lo tengo aquí al lado
en mi cama retozando
simplemente siendo feliz.

Borrando los caminos del pasado,
para formar uno nuevo
a golpe de beso.
Siendo caballero andante luchando
contra sus molinos.

Miradla, como se retuerce
y con los ojos entreabiertos me sonríe
porque se siente segura, tranquila
sabiendo que no habrá monstruo que le ataque.
El motivo por el que guardé
todo los versos heridos,
para que ella no tengo que sufrirlos,
porque ya ejerce bastante de enfermera
besándome los miedos,
cicatrizándome las alas
para al fin,
emprendamos juntos el vuelo.

¿Dormir? ¿quién quiere dormir?
Si todo lo que sueño
ya lo tengo.
Y si estoy soñando,
por favor,
no me despierten.

Camino.

Con las suelas desgastadas
y las rodillas magulladas,
por tantas caídas,
prosigo mi camino.

Después de haber vomitado
todos los flecos de su falda,
haberme desintoxicado
de lo que pudo ser y no fue.
Después de liberarme,
de las correas
de aquellas que intentaron atarme en corto.

Me desvié del camino
persiguiendo un espejismo.
Me perdí, tanto,
que ya no me encontraba ni yo.
Abandoné a aquellos dispuestos
a caminarlo a mi lado.
Y aunque pocos, aún quedan,
esperando con extintores y vendas
para apagar los incendios generados a mi paso,
para curar las heridas, después de tanto palo.
Sin exigir perdón
ni pedir explicación.
Amigos con mayúsculas.

Hoy envío un beso
a los que pusieron piedras
para que tropezase,
a quien se marchó
sin más despedida, que un reproche,

porque me hizo más fuerte.
Ahora duermo tranquilo,
soportando sólo el peso
que quiero soportar
y no el del mundo.

Tiendo mi mano
a todo el que quiera acompañarme,
amigo o enemigo.
Hace tiempo que aprendí
a vivir sin rencor
y a tomarme con cariño
los besos de Judas Iscariote.
Prometo seguir lanzando versos,
contar las batallitas de siempre,
las nuevas, a levantarme tras las caídas.
Lloraremos y reiremos,
brindaremos,
por las victorias y las derrotas,
por las personas que se fueron
y por las que llegaron.

Y tú, si quieres, estas invitado
a caminarlo conmigo.

Epílogo
Tomás Gallego

Siempre he pensado que existen dos tipos de personas: Los agraciados con el talento suficiente como para descubrir una disciplina artística como el niño que aprende a caminar; y los trabajadores incansables, rellenando ese hueco no ocupado por un don a base de vivencias, estudio y práctica.

Enfrenté la lectura de esta obra con una cierta inseguridad, pese a conocer algunas de las piezas que la componen. No todos los días un buen amigo se desnuda públicamente en forma de libro para disfrute público. Sin embargo, no fue pudor lo que sentí al recorrer sus páginas, sino la satisfactoria sensación de ver como esa forma de plasmar sus sentimientos no era un burdo acto de exhibicionismo, sino una necesidad manifiesta de gritar al mundo lo que, quizás, no sea capaz de contar de cualquier otra manera.

Y empecé un recorrido que me llevó a un mundo distinto, pero que todos conocemos muy bien, la narración de lo que podría ser el día a día de cualquiera de nosotros, el diario de un tipo cualquiera. Un tipo "poéticamente incorrecto", pragmático, honesto y un poco cínico. Exacto, como podríamos serlo cualquiera de nosotros. Porque seamos sinceros, todos conocemos más letras de canciones de rock que poemas clásicos.

En este viaje me encontré con la frustración, la fotografía de lugares conocidos y como una dirección puede evocar los grandes momentos de tu vida, la necesidad de renacer, e incluso la sensación de cambiar una pequeña jaula de metal por un gran palacio con rejas de cristal. Esa sensación de repetir la historia una y otra vez cambiando las caras de los protagonistas, la historia de amores que se van volando, o de enemigos que te salvan la vida. Sí, en lo imperfecto se puede encontrar belleza.

Un trayecto por lo cotidiano que nos lleva por todas las etapas del amor – Y desamor – y nos recuerda que, de vez en cuando, hay que mirar atrás y hacer inventario, valorar los malos amigos y los excelentes enemigos que nos encontramos por el camino, con la seguridad de que un reducido grupo de personas siempre nos estarán esperando, sin exigir nunca explicaciones.

Al autor no le deseo la mejor de las suertes porque no le hace falta, sólo expresar la sensación de orgullo que se siente al ver como una persona tan querida, con trabajo y tesón, consigue un objetivo tan complicado. Al lector, que haya disfrutado por lo menos tanto como yo embarcado en esta aventura de lo cotidiano, y que pacientemente espere una nueva entrega que seguro que llegará.

Por mi parte, voy guardando los extintores y las vendas para mejor ocasión.

Tomás Gallego

ÍNDICE

PRÓLOGO 9

-POETICAMENTE INCORRECTO.. 12

-POEMA HONESTO 14

-ELLA 16

-¿Y AHORA? 17

-LO QUE NUNCA DIJISTE 18

-SE ACABÓ.. 20

-EL AMOR, JODER 22

-TE ESCRIBO AHORA 24

-TODO POR TI 25

-LO PERFECTO 27

-ESA FOTO 29

-PARA LO QUE HEMOS QUEDADO 31

-QUE SÍ.. 33

-CHICA DE LAS GAFAS 35

-CUANDO HABLES DE MI 37

- LA CHICA TÓXICA 39
- LO QUE TE MERECES 41
- CON EL TIEMPO 42
- ARREBATO DE SINCERIDAD 44
- MUSA DE POEMA 46
- NO VA POR TÍ 48
- EL ÚLTIMO POEMA 50
- SE TRANSFORMÓ EN CIUDAD 51
- UNA NOCHE DE SEPTIEMBRE 53
- EL CULPABLE 55
- UNA NUEVA ELLA 57
- TOCAR EL CIELO ES DE VALIENTES 59
- ME ENCANTA 61
- ROSA DE LOS VIENTOS 63
- ¿DORMIR? 64
- CAMINO 65

EPÍLOGO 70

WEB: www.onlykoyote.com
TWITTER: www.twitter.com/onlykoyote
FACEBOOK: www.facebook.com/Onlykoyote
INSTAGRAM: www.instagram.com/onlykoyote

DISEÑO Y MAQUETACIÓN:
PORTFOLIO: www.frecuencyconceptart.es

TODOS LOS DERECHOS RESERVADOS.
ESTA PUBLICACIÓN NO PUEDE SER REPRODUCIDA EN NINGUNA DE SUS PARTES, POR NINGÚN MEDIO INVENTADO O POR INVENTARSE SIN PERMISO PREVIO DEL AUTOR

© ONLYKOYOTE

www.ingramcontent.com/pod-product-compliance
Lightning Source LLC
Chambersburg PA
CBHW071409040426
42444CB00009B/2173